贾乃亮 Smile&馨儿

时光如云用馨爱

贾乃亮 著

人民东方出版传媒
東方出版社

前言

甜馨是上帝赐给我的最好礼物，我不求她大富大贵，我只求她健康幸福。

甜馨的降临给我的人生带来了巨大改变，她让我从一个男人蜕变成一个好爸爸，也让我明白了怎样用心去爱一个人。

对于父亲的理解：亦父亦友

我生长在一个非常传统的家庭，家教严格，规矩繁多。父亲在我眼中的形象一直是严肃的、保守的、不苟言笑的，他就像一座山，让我远观而感敬畏，近靠又觉踏实。由于我从小就是整个家族中最不守常规又最顽皮淘气的，着实让父母操了不少心，在记忆中，我经常挨打受罚，那时我就想，以后等我当了父亲，也该如此威风！直到我真的迎来了人生中最为神圣的身份转换。

当我第一眼看到呱呱坠地的小甜馨时，我的心一下子就被她融化了，她那么小，那么软，我一时甚至都不知道该怎样将她抱起。握着她的小手，我感到她就是我的命，我要保护她一辈子。那时，我也暗暗告诉自己，她的快乐和幸福，对我而言就是最重要的事，我要做一个快乐的能量场，给她自由，陪她玩，陪她笑，做她的朋友，帮她摆平烦恼，为她的成长保驾护航。

关于教育：快乐至上

在我的教育观里，孩子和家长应该是平等的，教育是沟通和引导，而不是灌输和命令。我和璐璐一致认为，对甜馨的性格和情商的培养大于智力开发和知识灌输。快乐教育是核心，我们从不吝惜对甜馨的鼓励和表扬，让她在充满正能量的环境里成长。我希望自己能够融入到甜馨的世界里，用孩子能够接受的方式与她沟通，比如 cosplay，将自己扮成故事中的人物和她对话；比如模拟一个场景让她自己动脑思考做决定。我希望自己做她人生路上的导航仪，她可以自由选择自己的路，哪怕犯了错、走错了路，都没关系，我会帮她重新找到方向，而不会说教和责备。

关于真人秀节目：获益匪浅

一档火爆的真人秀节目，将甜馨带进了公众视线，可是让我和璐璐始料未及的是，甜馨在一夜之间受到了那么多人的关注和喜爱；不过我俩也很欣慰的是，甜馨并没有因为被大家喜爱而骄傲、蛮横起来，她还是那么纯真善良，爱笑爱玩。

这个节目对于我的意义也是非凡的，它让我理解了璐璐的辛苦，也让我看到了甜馨的成长，更让我从“神经乃爸”一步一步向好爸爸的目标迈进。

对馨儿的期望：做最好的自己

从馨儿还在她妈妈肚子里的时候，我和璐璐就时常被问到这样的问题：“希望宝贝以后成为什么样的人？”其实我自己也曾经这样问过自己。思来想去，答案就是，我希望甜馨做最好的自己。她不必被设定成为任何一个优秀的人，她只要自由自在地长大，做自己生活的主角，善良、独立、宽容，洒脱地面对一切，我和璐璐就知足了。我还想告诉她：馨儿，大胆往前走，有爸爸在身后，别怕。

我希望甜馨将来嫁给一个爱她的，像我一样积极向上、幽默能干的老公；我不求她多有福分，我只求他能时刻带给甜馨爱，时刻照顾她，能接替我成为她的避风港。

感谢大家对甜馨的喜爱，一个节目让大家认识了她，爱上了她，也希望大家的爱能一直陪伴她成长，直到永远。我也会继续学习，努力成长为一个好爸爸，因为甜馨不仅是我的，更是大家的“国民闺女”。

贾乃亮

贾乃亮

演员，黑龙江哈尔滨人，毕业于北京电影学院。

2002 年出演第一部电视剧《北京假日》，后凭借主演《当婆婆遇上妈》《最美的时光》《产科男医生》等影视作品，备受观众喜爱。

2014 和 2015 年，带女儿甜馨参加了两季《爸爸回来了》，在给观众带来欢乐的同时，也被冠以“神经乃爸”的称号。

2015 年，他是荧屏暑期档霸主，凭借《偏偏喜欢你》《冰与火的青春》连续两个月登顶黄金时段收视第一宝座，他的搞笑功力令无数人追随。

贾云馨

生于2012年10月23日，贾乃亮和李小璐之女，小名甜馨。

古灵精怪的她，时而活泼俏皮，时而深沉高冷，搞怪表情常现，经典金句频出，被封为“金句女王”“东北扛把子”“综艺一姐”。某期节目播出后，“国民闺女贾云馨”的话题登上热搜榜，24小时内该话题阅读量超过1亿。

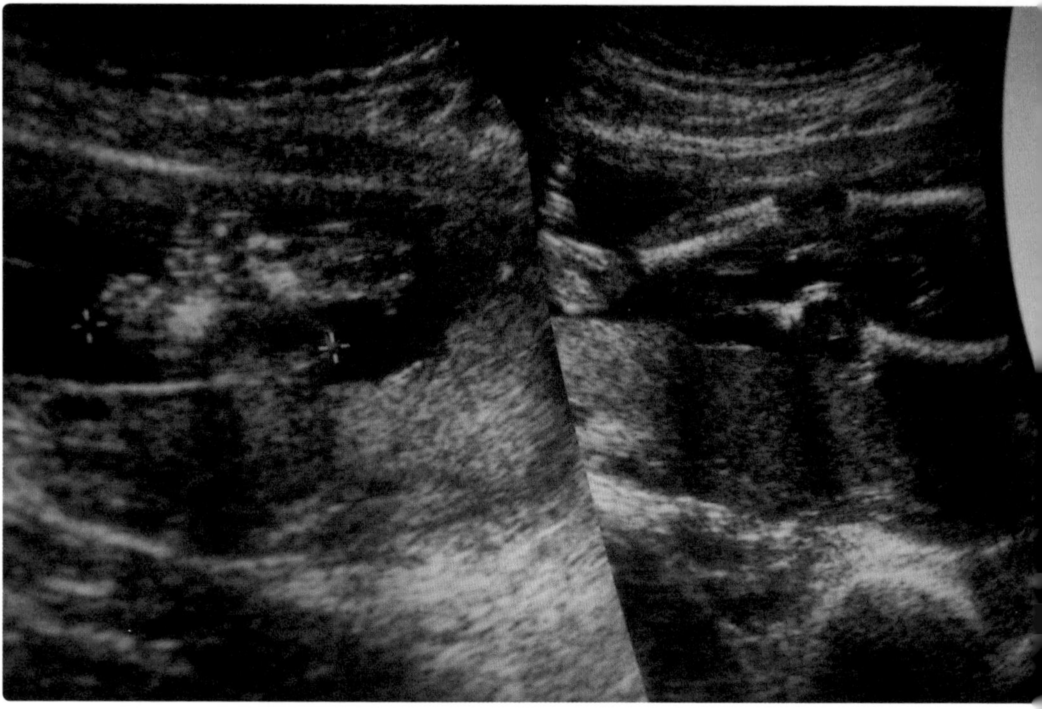

2012 年 X 月 X 日（星期 X）

这是甜馨诞生之前的雏形，但具体是哪一天拍的，真的忘记了。每每看着这张照片，我都禁不住感慨生命的神奇力量，这也是我第一次感觉到生命带来的震撼。虽然我们都来自黑暗，却注定了此生都在追逐光明。宝贝，愿你喜欢，我们带你来。

2012 年 11 月 10 日（星期六）

小甜馨有时会做一些古怪的表情，你看，她那么小的时候就会调皮地眨着眼睛看我，已经会跟我开玩笑了，嗨，这小妞。

2012 年 11 月 22 日（星期四）

甜馨总是能在我的怀里，就像这样，安静地、甜蜜地睡着，而我就喜欢这样抱着她，看着她，有的时候甚至能看一整个下午，看不够，觉得永远都看不够。

2012 年 11 月 23 日（星期五）

老婆你辛苦了！我的鼻子酸酸的，眼睛湿湿的，我小心翼翼地抱起这个小婴儿，她真是太可爱了。

2013 年 10 月 23 日（星期三）

甜馨 1 周岁了，起床就看到了小小的惊喜，宝贝，爸爸妈妈永远爱你！

2013 年 10 月 23 日（星期三）

那天我就这样抱着她，就像抱着全世界。我是爸爸了，虽然仍然是一个傻洵傻洵的爸爸，虽然仍然觉得像在做梦一样，但我紧紧地抱着我的女儿，馨儿，只愿你一生快乐、幸福。

2013 年 10 月 23 日（星期三）

甜馨的镜头感很强，天生为镜头而生。

2013年10月23日（星期三）

甜馨的这个表情跟她妈妈特别像，透露出一种淡淡的忧桑（伤），她或许在想，爸爸怎么这么不靠谱。

2013 年 10 月 23 日（星期三）

甜馨 1 周岁生日那天，全家特别高兴，尽情庆祝。时光如梭，转眼间软软小小的馨儿已经 1 周岁了，时间过得太快了。

2013 年 10 月 23 日（星期三）

和甜馨玩游戏。她总是与我神同步，不断地模仿我，所以大家在看电视节目的时候，会发现她的很多举动都和“神经”爸爸一模一样。

2013 年 10 月 23 日（星期三）

在家里，甜馨经常拿着麦克风哇哇乱唱，我就在旁边使劲儿给她鼓掌，她从小就有表演天赋，这点随她妈妈。

2013 年 10 月 23 日（星期三）

甜馨特别喜欢弹钢琴，等她长大了，我希望她成为一名钢琴家；这点应该是随我了，因为我小时候也很喜欢弹钢琴，只是没学会。

2014年1月22日（星期三）

难得安静的小甜馨。
“我就想做一个安静的小女神。”

2014 年 3 月 23 日（星期日）

我经常带甜馨去儿童游乐园，以前经常是一家三口一起去，但自从《爸爸回来了》录完了之后，我就很享受单独和她在一起的时刻了，因为这样能拉近我们父女之间的距离，彼此之间越来越亲密。

2014 年 3 月 23 日（星期日）

甜馨，你应该是同龄孩子中最淘的一个了，但是也特别地勇敢，你瞅你那小机灵劲儿，哈哈，爸爸喜欢。

2014 年 3 月 23 日（星期日）

甜馨总是把鞋子穿反，这跟我有很大的关系。

2014 年 3 月 23 日（星期日）

因为甜馨的这套着装，我被骂得很惨，努力改正。

2014 年 3 月 23 日（星期日）

就这样静静地和馨儿享受父女二人世界。

2014 年 3 月 24 日（星期一）

甜馨经常对着镜头摆出各种各样的 Pose，臭美妞。

2014 年 3 月 24 日（星期一）

她慢慢地在我的怀中长大，越来越沉，也在我的世界里越来越有存在感。我还是那么喜欢闻她头发的味道。

2014 年 3 月 24 日（星期一）

甜馨小脸脏兮兮的，还记得在《爸爸回来了》第一季中她摔倒了，我心疼地给她擦脸，她很坚强，没有再哭，但是她的鼻子还是很痛，甜馨就一直捅着鼻孔，可能那个时候她就在想："爸爸，你歇会儿吧！"

2014 年 3 月 24 日（星期一）

莫名其妙地，我这次特别想把甜馨打扮得像一个男孩子，很嘻哈的感觉，我希望甜馨不是娇气的女孩，要坚强、独立一些。

2014 年 3 月 24 日（星期一）

甜馨跟爸爸穿成情侣装，我才会有存在感，哈哈。

2014年3月24日（星期一）

单独带甜馨外出，唉！还是很糟糕，还是不太熟练，但是我一直在努力着，努力做一个好爸爸。

2014 年 3 月 24 日（星期一）

有时候，甜馨为了从我这里“骗”到一块饼干，可以给我下尽各种圈套、刨好几个坑。其实我知道她心里的小算盘，觉得她很幼稚，但仔细想想，她比我那个时候聪明多了，我小时候才是真傻。

2014年3月24日（星期一）

甜馨第一次剪头发，非常不配合；其实我吧，就想给她剪一个秃瓢，但她妈妈坚决不同意。

2014 年 5 月 5 日（星期一）

这两张照片特别有我小时候的样子。我那时就特别喜欢躲在一个角落里，或者用被子把自己盖上……我觉得她也应该会喜欢，于是我就给她买了这个小房子，果不其然，她整天躲在里面不愿意出来，还自己玩过家家，觉得在里面特别有安全感。

2014 年 5 月 5 日（星期一）

每次我想进这个小房子的时候她都把我赶出来，还大声喊：“大灰狼来了，爸爸救我！爸爸在外面守着！”甜馨，我成你看门打更的了是吧？

2014 年 5 月 5 日（星期一）

每次出差之前，甜馨都守着箱子不让我走，因为她知道，爸爸又要出去工作了。有时她甚至会在箱子里哭、在箱子里闹，我坐在沙发上，心里一阵一阵疼，可是又很无奈。

2014年5月5日（星期一）

你看看那时候，一个箱子就能把小小的她拎走，有时真想就这样把她装在箱子里，然后父女两人抛却世间所有躁动与不安，一草一木，一山一水，一砖一瓦，轻装出游，遍历世界。

2014年5月5日（星期一）

记得这是一个上午，我刚刚起床，就看到甜馨在屋子的一个角落里自己玩，她看到我之后特别高兴，让我陪着她一起玩，其实那天我安排了行程，可是最终我推掉了工作，因为我看到了她眼里的期待，我不想让馨儿失望。

2014 年 5 月 5 日（星期一）

录制节目时我偶尔会化妆，甜馨就会站在镜子前学着化妆师的样子给自己不停抹粉，抹得特别黑，我还不敢跟她说，甜馨你已经很黑了，为什么还要把自己抹得这么黑？哈哈。

2014 年 5 月 5 日（星期一）

看着她的样子，真是太可爱了，每次都想咬她一口，小鼻头。

2014 年 5 月 5 日（星期一）

给甜馨买了这个娃娃之后，她就立刻变成了大姐姐，每天给“小弟弟”讲故事，“小弟弟”生病了还会安慰他给他打针看病……我记得我好像是在四五岁的时候才会玩过家家，她才 1 岁多就会玩了，甜馨的语言表达能力还是挺强的。

2014年5月5日（星期一）

小甜馨甚至会跟“小弟弟”说：“爸爸不乖，爸爸你歇会儿，爸爸别碰我……”甜馨，这个娃娃就是你吐槽的对象吧？

2014年5月5日（星期一）

一家人一起吃韩国料理，甜馨坐在我的怀里盯着这把勺子，唉，我都羡慕嫉妒恨这把勺子了，甜馨，为什么你不这样盯着爸爸呢？爸爸比勺子长得帅多了。

2014 年 5 月 5 日（星期一）

甜馨很喜欢啃一个小小的胡萝卜，因为她觉得自己就是小兔子，是一只既可爱又善良的小兔子。

2014 年 5 月 5 日（星期一）

又把甜馨惹哭了，瞬间觉得特别沮丧，举在半空中的手和碗就停在那儿，不知道该怎么继续。

2014 年 5 月 5 日（星期一）

甜馨，你发现了什么？

2014 年 5 月 5 日（星期一）

特别喜欢这张照片。有种两个人一起闯天下的感觉，而且从我的背影看好像我才是一个小孩，而甜馨倒像是一个成熟的小大人……唉，怎么办，摊上这么一个爸爸。

2014 年 5 月 6 日（星期二）

每每看到这个瞬间，心里总是莫名其妙地一阵温暖和感动。甜馨，只要你笑了，爸爸的世界就是晴朗的。

2014 年 5 月 6 日（星期二）

我把甜馨打扮成这个样子，真不怪别人，就怪我自己，现在看一看，我觉得她可以去演《乡村爱情故事》了，哈哈，真是太尴尬了，都说不下去了，大家都来揍我吧！

2014 年 5 月 6 日（星期二）

瞧瞧这副狼吞虎咽的吃相……甜馨，别忘了你可是小女神呀！

2014 年 5 月 6 日（星期二）

甜馨这个调皮劲儿，跟我小时候非常像，有时候奶奶都忍不住地说："亮亮你看她的这个神态，这不就是你小时候的样子嘛！"基因这个东西真的很强大。

2014 年 5 月 6 日（星期二）

每次吃饱喝足之后，小甜馨都会打两个嗝，然后说：“爸爸我吃饱了，我去玩了。”跟我小时候真是太像了。

2014 年 5 月 6 日（星期二）

我特别喜欢和甜馨就这样简简单单地荡着秋千，有时妈妈会在一旁照相：“你俩就是两个小孩儿，爸爸是老小孩儿，甜馨是小小孩儿。”妈妈一脸幸福地夸道。

2014年5月6日（星期二）

“爸爸你笑什么呢，这么开心？”
“爸爸有你就开心。”

2014 年 5 月 6 日（星期二）

在甜馨的成长道路中，我希望是她的好朋友、好兄弟、好哥们，在家里，我们的关系是平等的。

2014 年 5 月 6 日（星期二）

我希望甜馨喜欢小动物，我也不反对她养狗，因为我觉得爱小动物会培养她的爱心；她不嫌弃小动物身上脏，会一点一点为它们收拾干净，这个过程会让她懂得什么叫责任。

2014 年 5 月 6 日（星期二）

捞蝌蚪的时候，甜馨不小心掉到了水里，我赶快给她换了一身衣服，然后又带她去捞。

2014 年 5 月 6 日（星期二）

因为我想告诉甜馨，做事情不能前功尽弃、半途而废，而是要有始有终。

2014 年 5 月 6 日（星期二）

甜馨耍熊的时候就是这个样儿，特别特别地让人难以搞懂、难以控制，没有办法，我只能崩溃、崩溃、崩溃！

2014 年 5 月 6 日（星期二）

甜馨你想到谁了呀？笑成这样。

2014 年 5 月 6 日（星期二）

站得高，才能看得远。

2014 年 5 月 6 日（星期二）

甜馨这样挥着手，这个神态，这个姿势，起范儿了！像不像一个“国外”领导人？我不想说具体像谁……她是猴子的接班人吗？哈哈！

2014 年 5 月 7 日（星期三）

带着甜馨逛超市，有一种莫名的幸福感，这种幸福感，是我和小璐最大的奢侈品，比其他一切都重要。我其实并不是一个爱逛超市的人，以前逛超市很快就逛完了，但自从有了甜馨之后，我们两个可以在超市里转来转去，转来转去，推着车子能玩好长时间。

2014 年 5 月 7 日（星期三）

有段时间甜馨一定要自己挑西红柿，索性我就放开了权力——由甜馨挑选我们家所有的菜。吃着她挑的菜，那感觉真是不一样，很甜也很香。

2014 年 5 月 7 日（星期三）

有时候看甜馨的表情，真觉得她特别像一个男孩子，也确实有一段时间我把她当成一个小男孩养，那个时候她头发很短，显得很干练，非常有女汉子的气质。

2014 年 5 月 7 日（星期三）

经常会买一大堆玩具，其实家里的玩具已经堆积如山，但我仍然会忍不住想给她再多买一些。记得我小时候的玩具很少，只有玻璃球、皮筋、纸牌、军棋、跳蛤蟆和小霸王游戏机，但我希望甜馨的童年能够开心快乐，有时我和小璐工作太忙，陪她的时间不多，所以我想通过多买一些玩具让她高高兴兴的。

2014 年 5 月 7 日（星期三）

买完东西结账时，甜馨经常会问我：“多少钱哪？多少钱哪？”
我就说：“好像你知道钱是什么似的……”

现在甜馨也会管着我：“爸爸不要乱花钱。”

有的时候买了一大堆零食，“爸爸，这是我买的。”
“什么是你买的呀？”
“这些都是，都是我买的。”

2014 年 5 月 7 日（星期三）

无辜的小眼神，可能是甜馨想妈妈了吧。

2014 年 5 月 8 日（星期四）

大爱这张照片，我永远都解读不出甜馨这个眼神里到底透露着什么：爸爸你这是怎么了？这是我爸爸吗？我是谁？谁是我？我来自哪里……面对这张照片，只能感慨，我一个 30 岁的成熟男人都很难有这种深邃的眼神。我大爱、大爱、大爱这张照片。

2014 年 5 月 8 日（星期四）

我和甜馨的逗比日常。

2014 年 5 月 8 日（星期四）

以前给甜馨换尿不湿简直就是一件比登天还难的事情，要先脱掉一层裤子再脱掉一层裤子，然后再换尿不湿，繁琐的程序让我心生畏惧……但是现在，哈！简直是手到擒来的一件事情，so easy！

2014 年 5 月 8 日（星期四）

甜馨对着镜头手舞足蹈："大家看我拍照的手势，还不错吧！"

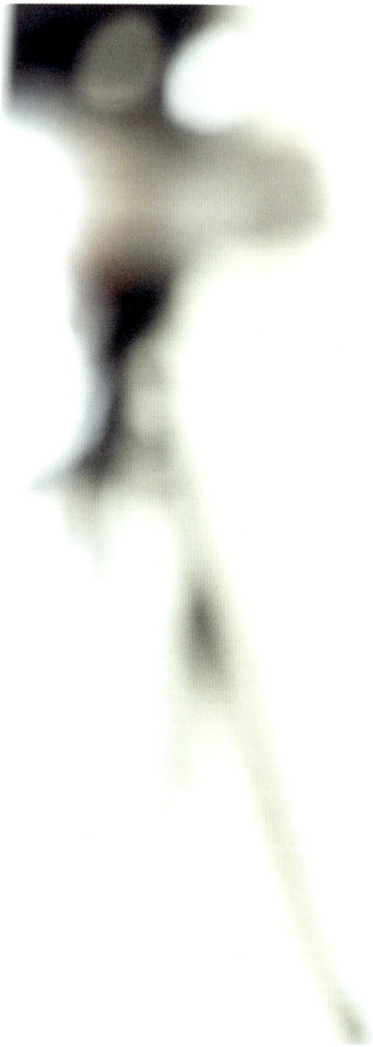

2014 年 5 月 8 日（星期四）

不用说，估计又被我弄郁闷了吧！我觉得是。

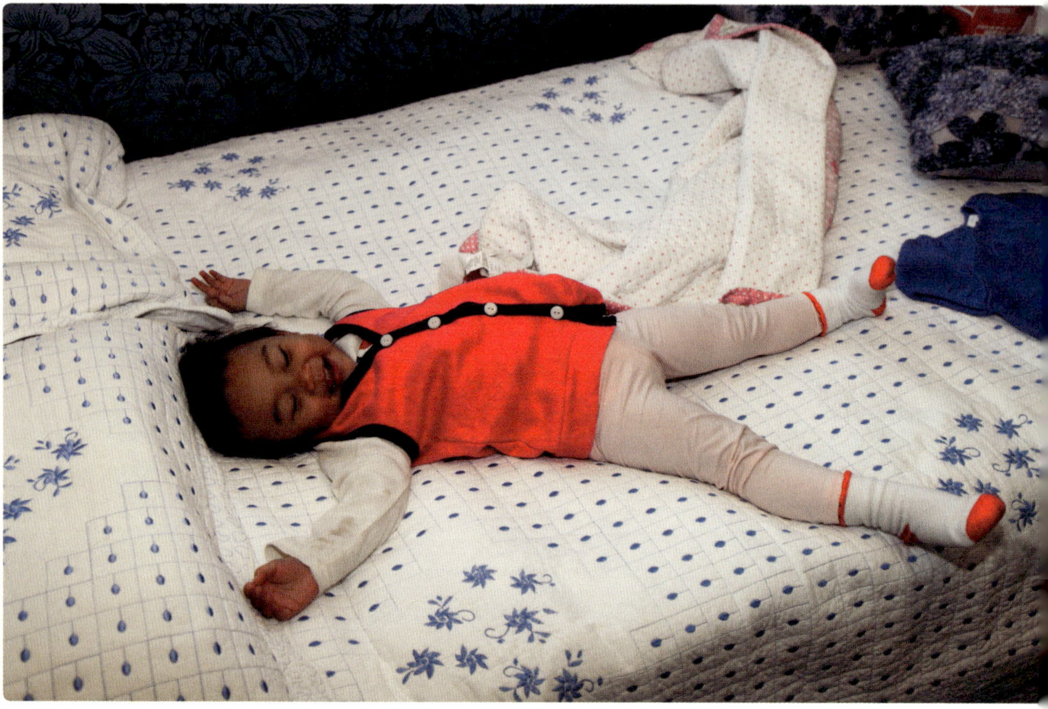

2014 年 5 月 18 日（星期日）

甜馨回到哈尔滨了，躺在小床上舒展身体，特别惬意。

2014年5月18日（星期日）

回到东北这片土地上，甜馨忽然撒开欢了，每天都玩得特别开心，穿上这件小衣服，特别有种东北大妩的感觉。

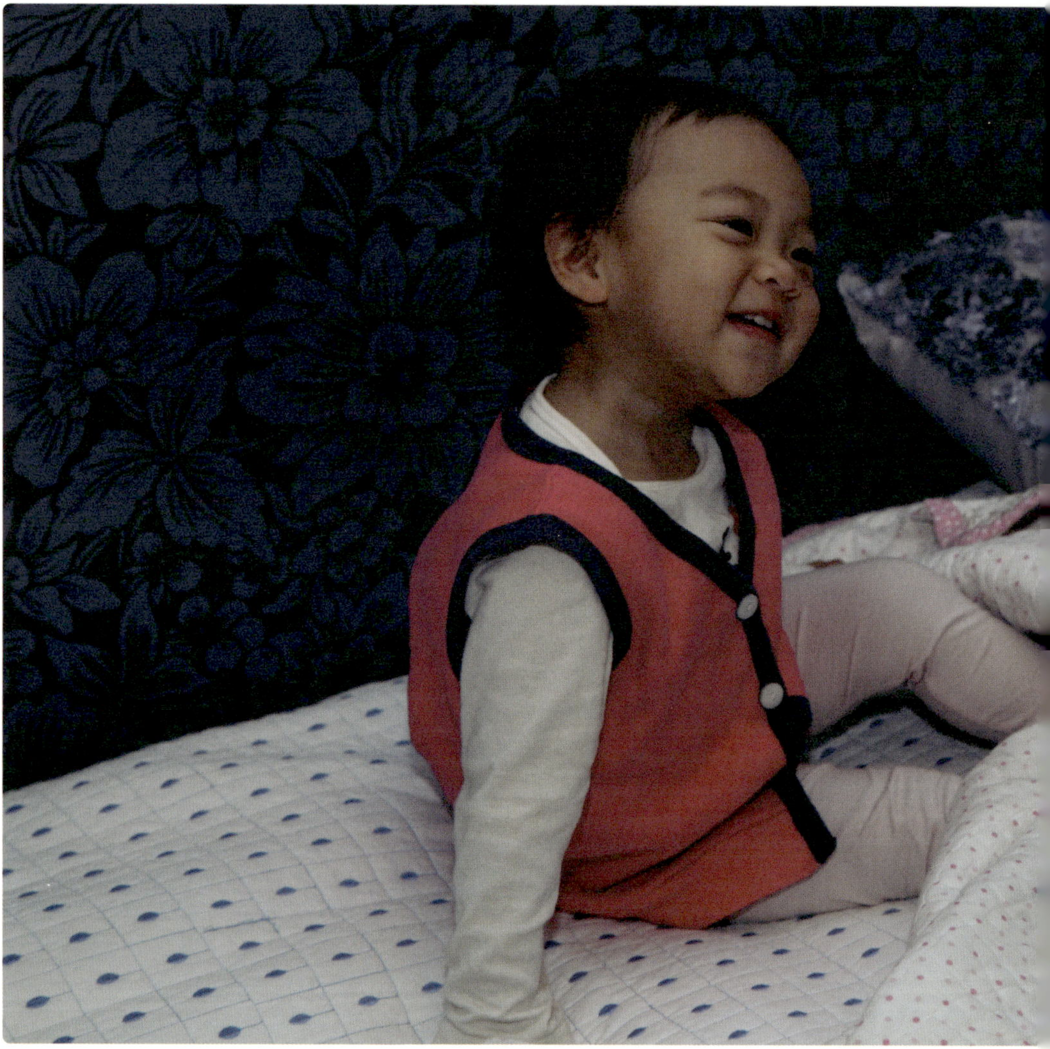

2014 年 5 月 18 日（星期日）

甜馨正在对奶奶笑呢！总觉得她在哈尔滨的状态和在北京的不一样，感觉在东北，她更像是回到了自己的地盘，尽情享受着奶奶的宠爱，但我觉得老人最好还是不要溺爱孩子，否则会影响今后的教育。

2014 年 5 月 19 日（星期一）

给甜馨穿衣穿鞋，我越来越轻车熟路，而甜馨也越来越熟悉和享受我给她打扮的过程。

2014 年 5 月 19 日（星期一）

甜馨很喜欢喝水，还喜欢抱着她心爱的小水壶到处溜达。

2014 年 5 月 24 日（星期六）

带甜馨去索菲亚教堂看鸽子。她特别逗，一见到鸽子就兴奋地大喊："鸽子（zhi）、鸽子（zhi）！"可是当鸽子真的飞到身边时她又有点害怕。其实在很多年前我就想过，等将来自己有了孩子，一定要带 TA 来这里喂鸽子，因为我喜欢这里的安谧与宁静，它是我心灵的一片净土；没想到几年之后就梦想成真了，关键还是一个这么可爱的馨爷。值得安慰的是，甜馨也特别喜欢这里，这就是我俩的默契吧。

2014 年 5 月 24 日（星期六）

这是我给甜馨做的造型，大家喜欢吗？好像甜馨不是很喜欢，眼神里又透露出一种“爸爸你可真行！”的信号。

2014 年 5 月 27 日（星期二）

甜馨特别喜欢大海，虽然她有一点黑，而且到了海边会晒得更黑，但我真的不在乎，因为，我们白着呢！

2014 年 5 月 27 日（星期二）

大海、沙滩，我们来啦！对大海的这种喜欢好像是与生俱来的一样，我俩都特别享受在沙滩上玩游戏的感觉，怎么玩也玩不够。

2014 年 5 月 27 日（星期二）

以前都是小璐或老师教甜馨学游泳，我单独带她的时候，还真没有带她游过泳。刚开始下水的时候甜馨还是有点胆怯的，慢慢地，等她熟悉了之后，最主要是看我比较靠谱之后，她就放开玩了。

2014 年 5 月 27 日（星期二）

出于对爸爸的信任，甜馨放心让我就这样扶着她游了，我能感觉到她在一点一点地建立起对我的信任。

2014 年 5 月 27 日（星期二）

《爸爸回来了》里的海边烛光晚餐。不觉得这是在录节目，只觉得这明明就是我和甜馨的一场浪漫约会。

2014 年 5 月 27 日（星期二）

录节目时也没想过该怎样呈现给大家最好的状态，就是想做真实的自己，想好好陪甜馨。

2014 年 5 月 28 日（星期三）

和甜馨一起去芒果园摘芒果。那天特别热，我记得应该有40度，但是甜馨玩得不亦乐乎，摘一个芒果喂她，甜馨依然吃得津津有味。

2014 年 5 月 28 日（星期三）

特别珍惜和甜馨在一起的每一个人生的“第一次”。这就是我们第一次摘芒果，真好！

2014 年 5 月 28 日（星期三）

我把甜馨抱起来的时候，感觉到她的重量，转眼间甜馨已经长这么大了，上天赋予我的父亲的责任，更重了。

2014 年 5 月 28 日（星期三）

你们不觉得我把甜馨打扮得很帅气吗？

2014 年 5 月 28 日（星期三）

唉，真是吓死我了，高空绳索。其实我比较排斥玩这种危险的游戏，尤其是当了爸爸之后，但是甜馨就在绳索的那一头等着我，突然间我觉得自己有一种无穷的力量，甚至可以飞过去，当我冲过去的那一刹那，馨儿甜甜地喊“爸爸”，我的心瞬间就融化了，那种感觉既近又远，这是属于耳朵的柔软时光。

2014 年 5 月 28 日（星期三）

这就是我闺女。

2014 年 5 月 28 日（星期三）

“爸爸你在搞什么鬼？”

2014 年 6 月 15 日（星期日）

旁边坐着的吴尊先生总是用一种“疑问”的口气不停跟我说：“你真的可以跟孩子这样玩吗？真的可以那样玩吗……”我说：“其实没有什么不可以，只要安全，而且对她好。”

2014 年 6 月 15 日（星期日）

爸爸的肩膀是世界上最温暖的港湾。

2014 年 6 月 15 日（星期日）

我们这身“情侣装”还不错吧？

2014 年 6 月 15 日（星期日）

骑脖子！这是我们的超默契招牌动作。

2014 年 8 月 13 日（星期三）

甜馨越来越会玩手机了，不是我教她的，是她自己研究的，还很快学会了自拍。有时一打开手机就会看到她的很多自拍，把我逗得前仰后合，这小鬼丫头！

2014 年 8 月 13 日（星期三）

甜馨善于模仿，看到爷爷奶奶躺在按摩椅上按摩，不知哪天竟自己学会了。有一天我正在看电视，忽然发现按摩椅动了起来，走过去一瞧，嗬！原来是甜馨正躺在按摩椅上独自陶醉呢！

2014 年 8 月 13 日（星期三）

一种莫名的沧桑感。

2014 年 8 月 13 日（星期三）

爷俩说悄悄话，就不告诉你。

2014 年 8 月 13 日（星期三）

“爸爸，你快点，我想出去玩呢！”
“穿上袜子才能去，别急！”

2014年8月13日（星期三）

不知从什么时候开始，就喜欢这样静静地看着她，以前没想过自己会这么有耐心，但现在为了甜馨，我觉得做什么都快乐。

2014 年 8 月 20 日（星期三）

假小子馨爷。

2014 年 8 月 20 日（星期三）

馨爷彻底玩疯的节奏。

2014 年 9 月 10 日（星期三）

甜馨的小天地，看她骑马的这个帅气劲儿，今后不会骑摩托吧？

2014 年 10 月 11 日（星期六）

“甜馨，在爸爸和小熊之间你选谁？”
“看我眼神！”

2014 年 10 月 23 日（星期四）

发现新玩具，吹泡泡。

2014 年 10 月 23 日（星期四）

“我饿了，我要吃饭！”女汉子吃饭时的标配表情。

2014年10月23日（星期四）

我不得不承认，妈妈给甜馨打扮得确实好看些，爸爸打扮得确实不好看，不过爸爸会努力改正的，甜馨你要相信爸爸。

2014 年 10 月 23 日（星期四）

大姐大来喽!

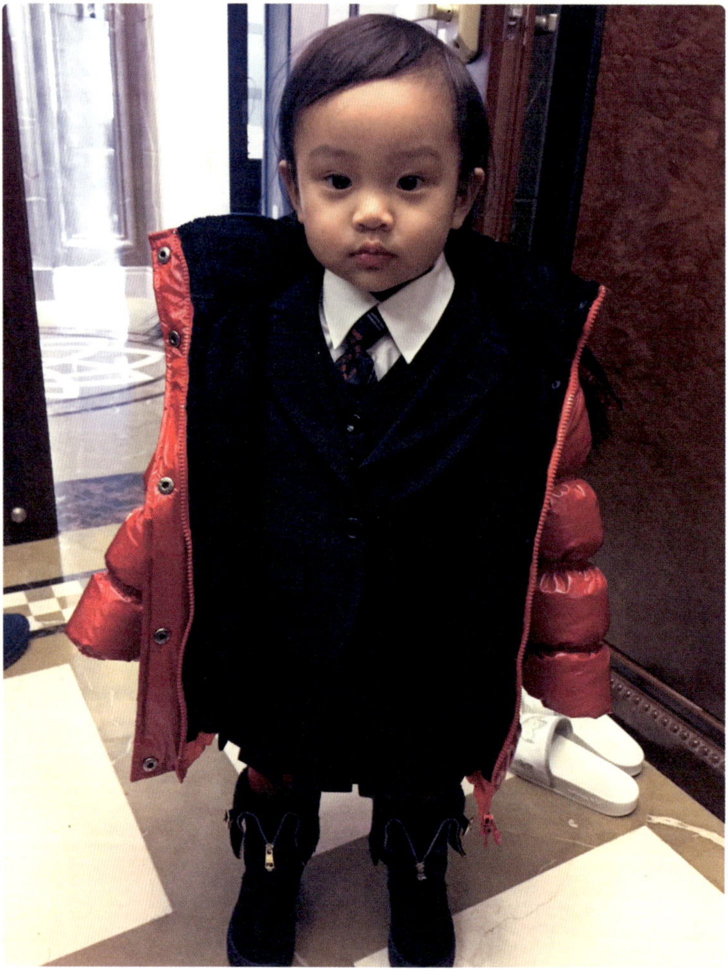

2014 年 11 月 30 日（星期日）

精神抖擞，上学去喽！

2014 年 12 月 25 日（星期四）

不觉得这张很有女神范儿吗？我的女神。

工程遥控车
DEMS
TRUCK
1:18仿真
8+

2014 年 12 月 29 日（星期一）

“喂，爸爸你在干什么呢？我想你啦！”

2015 年 1 月 16 日（星期五）

现在越来越少带甜馨出去玩，我更愿意在家多一些时间陪着她，因为我觉得这是最快乐的时光，和孩子在一起伴随她成长。其实孩子长得很快，一转眼就长大了，我不想错过甜馨的成长时光。

2015 年 1 月 16 日（星期五）

爸爸不抢你的“小弟弟”。

2015 年 3 月 9 日（星期一）

我真的被雷到了……

2015年3月9日（星期一）

看，这身搭配就是我的杰作！挺好看的吧？

2015 年 3 月 22 日（星期日）

每次在家化妆时，她都要坐在我的腿上不停地照镜子。我就纳了闷了，怎么这么点小孩就知道臭美？我是从十四五岁的时候才知道臭美的，在这之前可从来没想过打扮自己，唉，这点还真不像我。

2015 年 3 月 22 日（星期日）

甜馨，你看见什么了？连美食都不要了。

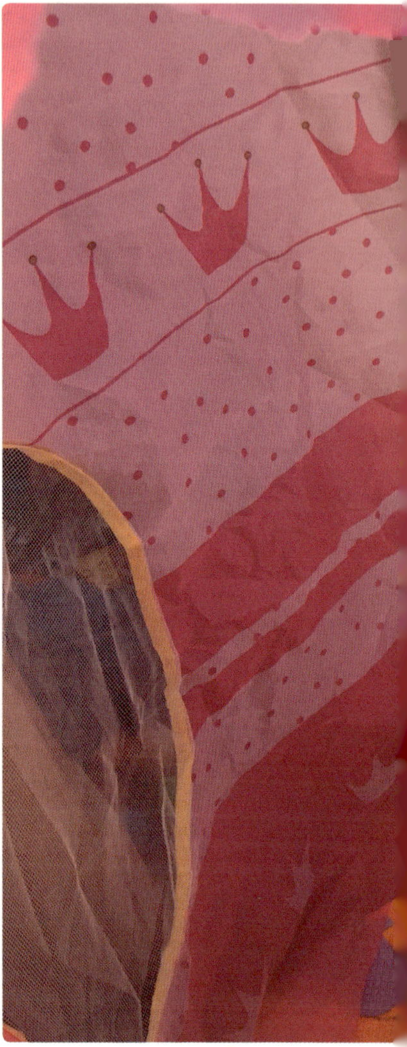

2015 年 3 月 22 日（星期日）

录制节目时的午休时间，甜馨悄悄地钻了进来，她摆弄着摄影师的那个架子自己研究：“啊，原来这个是这样……”其实摄影师就隐藏在这座小房子里。

2015 年 3 月 23 日（星期一）

甜馨每次上学都要带上她的“小弟弟”，看她这个表情，哈哈，好成熟的一个小女孩儿！

2015 年 3 月 23 日（星期一）

甜馨是一个特别善良的女孩儿，在幼儿园里就是扛把子，她助人为乐、善于分享，小甜馨越来越有我的影子了。

2015年3月23日（星期一）

甜馨渐渐地长大了，就这样渐渐地长大了，呜，我的小甜馨。

2015 年 3 月 23 日（星期一）

一种淡淡的忧桑（伤），这是为什么呢?

2015 年 3 月 23 日（星期一）

甜馨就是这样，有时会躲在角落里静静地看着周围的一切，但是下一秒，可能她就又玩嗨了。

2015 年 3 月 23 日（星期一）

陪着甜馨去幼儿园开运动会，好累呀，但为了甜馨，我觉得，值！跟她在一起就是最开心的，看着甜馨为爸爸大声喊加油，心里好开心好幸福。

2015 年 3 月 23 日（星期一）

不好意思，又是一张销魂的照片。

2015 年 3 月 23 日（星期一）

每次去幼儿园接甜馨的时候，她总是拽着我的手去幼儿园里走一圈，跟所有人介绍："这是我爸爸！这是我爸爸！"然后把我带到玩海洋球的地方，让我跟她一起玩。

2015 年 3 月 23 日（星期一）

玩海洋球时，甜馨会时不时地扭头看看我有没有离开……甜馨长大了，我在她心中的分量越来越重了，每次看到她转头寻找我时的那个眼神，我心里真是，既心酸又幸福。

2015 年 3 月 23 日（星期一）

莫名其妙地觉得甜馨好像一只小 monkey。

2015 年 3 月 23 日（星期一）

我小时候的玩具很少，很多时候都是自己和自己玩，但我希望小甜馨的童年能够多些欢乐，有很多好朋友和她喜欢的玩具，我们也要多些时间陪她，但不会只把她当成孩子，我们会跟她说一些大人的话，她都能听得懂。

2015 年 3 月 23 日（星期一）

幼儿园午睡时间到了，不知道甜馨在想些什么。

2015 年 3 月 23 日（星期一）

甜馨只有在喝奶的时候才是最老实的。

2015年3月23日（星期一）

看着甜馨在幼儿园里和小伙伴们一起玩耍的样子，真的很开心，很快乐！

2015 年 3 月 23 日（星期一）

甜馨，快告诉爸爸，到底发生了什么事情，让你如此销魂地开怀大笑？

2015 年 3 月 23 日（星期一）

甜馨亲手给妈妈做的棒棒糖，超赞。

2015年3月23日（星期一）

甜馨亲手给爸爸做的棒棒糖，超大，我无限满足。甜馨，为什么给爸爸的棒棒糖这么大？是因为你更爱爸爸吗？

2015年3月23日（星期一）

初春，甜馨走在我的身边，不再像我的女儿，更像我的小女朋友。

2015 年 3 月 23 日（星期一）

特别有一个人去旅行的范儿，我帮甜馨拿行李她也不让，她说："我要一个人拿，我学会了，我要自己动手，别人拿丢丢。"甜馨，如果有一天你要环游世界，无论什么时候出发，记得一定要带上爸爸。

2015 年 3 月 23 日（星期一）

即便是上电梯，甜馨也要求自己动手，不让我帮她，这股子独立劲儿特别好。

2015 年 3 月 23 日（星期一）

甜馨的头发慢慢地长长了，越来越像小璐，看小璐小时候的照片，惊呼母女俩长得好像呀！

2015 年 3 月 23 日（星期一）

我小时候长得黑，甜馨有点遗传我了，不过大家放心，甜馨长大就变白了。

2015年3月23日（星期一）

我现在很享受给甜馨梳头的过程。以前对于如何梳头我完全是凌乱的，但现在不一样了，能有时间亲自给甜馨梳头我感到很幸福。

2015 年 3 月 23 日（星期一）

甜馨也从抗拒我给她梳头慢慢转变为特别期待我给她梳头，即使我梳得不好，她也会说："爸爸好棒啊，爸爸梳得好漂亮呀！" 每每听到她这样夸我时，我都感动得想流泪。

2015 年 3 月 23 日（星期一）

看照片才感觉到，小璐不在甜馨身旁的时候，甜馨的头发确实有点凌乱……主要是因为甜馨太淘气了，而我又不太善于给她打扮。

2015 年 3 月 23 日（星期一）

但是，大家别担心，甜馨现在已经学会臭美了，自己会给自己梳头；不管怎么样，我一直崇尚一种叫做“凌乱美”的气质。

2015 年 3 月 23 日（星期一）

大家还不知道甜馨会武术吧？好像是看了《猪猪侠》和《功夫熊猫》之后，甜馨就每天在家“练武”，奶奶看到之后不停感慨：“简直就是女版小亮亮呀！”

2015 年 3 月 23 日（星期一）

虽然这是一个比较危险的动作，但是甜馨特别喜欢我像这样把她抱起来飞。我每次往上抛她的时候都特别小心，她也很享受这种感觉："爸爸我要飞，我要飞起来！"

2015年4月16日（星期四）

甜馨对小动物特别有爱心，这点我很欣慰，因为对小动物有爱心了，才会懂得如何照顾别人，懂得谦让和赠予，懂得分享和友爱。她很喜欢这只名叫墩墩的小兔子，看到墩墩打疫苗，她也会心疼得哭起来。

2015 年 4 月 16 日（星期四）

然后呢，轮到自己打疫苗了，㞞了，怕了。

2015 年 4 月 16 日（星期四）

我每次让她吃这个吃那个的时候，她就用这个眼神看着我："爸爸，这还用你说啊？我知道该怎么吃，爸爸你歇会儿吧！"

2015 年 4 月 16 日（星期四）

我依然指手画脚告诉她这个有营养那个没营养，她淡定地说："爸爸你不用说了，我知道，我都知道，爸爸你自己好好吃吧，不用管我了。"然后她便享受起一个人的午餐来。拍照时，无奈的我还被卡在了外面，只留下一只同样无奈的右臂。

2015 年 4 月 17 日（星期五）

这是我和甜馨第一次一起种花，如今这朵花正在花园里静静地盛开着，犹如我们两个人一起种下的希望，也在美丽地绽放着。顺便说一句，把甜馨打扮成这样，实在是我的错。

2015 年 4 月 17 日（星期五）

甜馨特别喜欢坐在小推车的篮子里，让我一路推着她回家。其实所谓美好，不就是生活中的这些点点滴滴吗?

2015 年 4 月 17 日（星期五）

出来种个花，甜馨还不忘带着她的小墩墩，可见她是多么喜欢小动物啊！如果有可能，我会买一只拉布拉多陪伴她。

2015 年 4 月 17 日（星期五）

甜馨特别喜爱她的小墩墩，但一开始也不知道该怎样去照顾它，于是我便手把手教她该怎样抚摸小兔子，怎样给它梳毛，怎样安慰它……聪明的甜馨很快就掌握了要领。

2015 年 4 月 17 日（星期五）

还记得这是录《爸爸回来了》的时候，甜馨的同学来家里做客，我使出浑身解数，只为不给她丢脸，她也在大家面前超给我面子，我们玩得很开心。一场疯狂的 party 之后，我俩筋疲力尽，狼吞虎咽。

2015 年 4 月 17 日（星期五）

馨儿，你是用生命在吃饭吗?

2015 年 4 月 18 日（星期六）

小甜馨吃饭狼吞虎咽、忘乎所以，跟我一样。

2015 年 4 月 18 日（星期六）

但是当甜馨发现我站在她身后的时候，她居然害羞了。

2015 年 4 月 18 日（星期六）

甜馨最愿意吃的菜还是奶奶给她做的豆角炖肉、酸菜粉条、焖茄子，每次都大口大口地吃得特别香，在和我一起拍戏的 20 多天里，她一直吃奶奶做的幸福饭，胖得呦……

2015 年 5 月 7 日（星期四）

甜馨又用了另外一种鄙视我的口型。

2015年5月7日（星期四）

自我陶醉中，有这样一个可爱的女儿，此生无憾。

2015 年 6 月 12 日（星期五）

（唱）你就是我心中的棉花糖，甜蜜的梦想……

2015 年 6 月 12 日（星期五）

又是一个第一次。第一次和甜馨一起吃棉花糖。

2015 年 6 月 12 日（星期五）

“爸爸，你的嘴张那么大，不疼吗？”

2015 年 6 月 12 日（星期五）

小甜馨，吃棉花糖都这么可爱，真想上去亲她一口。

2015年6月27日（星期六）

甜馨已经学会了自己挑选鞋子，也不用我们再动手为她穿袜子穿鞋了，她很懂事、很独立，这点我很欣慰，小小年纪的她在很多方面已经不太需要父母的照顾了，也许是我照顾得不太好吧！

2015 年 6 月 27 日（星期六）

甜馨喜欢跳舞，长大后如果她还喜欢，那我就送她去学跳舞，我希望她跳一些 hip-hop 风格的舞，舞风更奔放、自由一些。

2015 年 6 月 27 日（星期六）

妈妈就喜欢她这种小芭蕾范。

2015 年 6 月 27 日（星期六）

高冷的小女神。

2015 年 7 月 4 日（星期六）

通过这两张照片能明显看出，甜馨就是一个黑巧克力公主，哈哈。我其实并不想这样说我姑娘，但她每天都在外面玩，晒得实在是太黑了。

2015 年 7 月 4 日（星期六）

当时我和小璐正在横店拍戏，那么热的天气，甜馨能陪我们 3 个月，实在是很难得，而且每次我问她要不要回北京的时候，她都会说："我不想回去，我要陪爸爸妈妈，你们辛苦你们累。"可是她有时又会埋怨这里不好玩……甜馨其实是一个很懂事的孩子。

2015 年 7 月 4 日（星期六）

甜馨，此时此刻你在想什么？

2015 年 7 月 4 日（星期六）

平时拍戏的时间很长，陪甜馨的时间就很少，我希望今后能更有效地分配自己的时间，腾出更多的时间来陪她。我曾经跟小璐说过一句话：“我现在的努力是为了将来有更大的自由空间”，所以我觉得我现在的付出是值得的。有时拍戏我特别希望就在北京，那样就能多陪陪老婆和孩子了。

2015 年 7 月 1 日（星期三）

就这样在你的背后保护你一辈子！

2015年7月1日（星期三）

有时天特别热，甜馨就会主动端着一杯水走到我面前：“爸爸你喝口水吧，你渴了。”

2015 年 7 月 1 日（星期三）

潇洒走一回！

2015 年 7 月 1 日（星期三）

哈，甜馨拿着小萝卜，爸爸拿着大萝卜，我们父女俩真是太和谐了。

2015 年 7 月 1 日（星期三）

《爸爸回来了》录制结束的那一天，我坐在那里，久久缓不过神来，真的很舍不得。

2015 年 7 月 1 日（星期三）

甜馨好像也意识到了什么，一整天都不是很开心，嘴里一直喊着“奥莉、奥莉”。

2015 年 7 月 2 日（星期四）

《爸爸回来了》第二季收官发布会现场，我和甜馨一起走红毯，那是她第一次走红毯，却毫不胆怯，第一次按手印也毫不害怕，所有步骤都如行云流水般潇洒自如，反倒是我，在她面前看起来更像是一个新人一般生疏而青涩。

2015 年 7 月 2 日（星期四）

在哪儿都能玩起来的馨爷。

2015 年 7 月 24 日（星期五）

甜馨在家每天都会画画，她的爱好特别多，唱歌、跳舞、画画、武术……样样都涉猎，如果可以的话，我倒希望她什么都学一下，对了，还有钢琴。

2015 年 7 月 24 日（星期五）

看看这张小脸，这小尖下巴，颇像妈妈。

2015年7月25日（星期六）

甜馨偶尔还是会抠脚，但是现在越来越少了，她已经知道自己不能再做抠脚大汉了，她要做大家心目中的小女神，哈哈。

2015 年 7 月 25 日（星期六）

这小丫头，精神咋这么好呢？

2015 年 7 月 25 日（星期六）

拍戏时，我和小璐最早也得晚上八九点才能收工，甜馨就是这样每天在天台上边玩边等着我们回来，她已经知道当太阳下山的时候，爸爸妈妈就快回来了。

2015 年 7 月 25 日（星期六）

那天甜馨在天台上看到一些“晒干”了的蛾子、甲虫，于是她找来一个小盒子，小心翼翼地把它们一个一个地放进去，她对妈妈说：“外面地上太热了，它们不能再晒了，它们好疼的，在小盒子里会凉快一些。”妈妈听完就哭了。

2015 年 7 月 25 日（星期六）

馨儿，愿你一直这么美好、纯洁、善良下去！

2015 年 7 月 25 日（星期六）

在我和小璐拍戏的这几个月里，甜馨的游乐场只有两个地方，这个天台以及酒店楼下的操场。

2015年7月25日（星期六）

其实甜馨是一个特别爱玩的女孩子，但是她知道爸爸妈妈要工作，有时我让她回北京去，她也不干，她说："我要陪着爸爸妈妈，妈妈有我在，她才会快乐，爸爸有我在，他才会开心。"

2015 年 7 月 25 日（星期六）

妈妈在拍照，馨儿在笑，我在后面看着她俩，一家人在一起，那么幸福。

2015 年 7 月 25 日（星期六）

甜馨有时会像个小大人一样发呆。

2015 年 7 月 25 日（星期六）

我是摆拍小达人，福利四连拍！

2015 年 7 月 25 日（星期六）

甜馨你这是怎么了？说好的小淑女呢？

2015 年 7 月 25 日（星期六）

看甜馨深情的眼神，我相信，那时那刻，她凝望的一定是我。

2015 年 7 月 25 日（星期六）

“别扯了，谁在看你呀！我在看电视好吗？”

2015 年 7 月 25 日（星期六）

“爸爸，我逗你玩哪！”

2015 年 7 月 29 日（星期三）

收工回家，享受跟甜馨在一起的片刻时光，凑上前去想亲她一口，谁知她不买账：“爸爸，你去卸妆吧！”

2015 年 7 月 29 日（星期三）

正当我要去卸妆的时候，她又喊住了我：“爸爸，那我亲你一下吧！”她可能看出了我比较累，这孩子，还挺知道心疼人的，暖心宝宝。

2015 年 7 月 29 日（星期三）

甜馨很乖，她安静地等爸爸妈妈回来，安静地守着这个家的幸福。

2015 年 7 月 29 日（星期三）

相信我，她一定会健康茁壮、幸福快乐地成长，因为她是你们的“国民闺女”，贾云馨。

后记

人人都说我有一个逗比的老公和一个逗比的娃，其实我只希望全家人平平安安健健康康，这就足够了。甜馨的到来改变了我们的生活方式，也让我眼睁睁地看着亮亮由一个大男孩变成了一位超爱女儿的父亲，虽然他现在也还像个孩子，哈哈。

亮亮、甜馨宝贝，我很感恩你们给了我一个完整的家，让我体会到了爸爸妈妈的艰辛和不易，也体会到了母爱的伟大。在人生的道路上总会有这样那样的坎坷，但是我们会一起面对一起度过，一起成长一起分享。

记得在怀孕时我还在想，到底我和亮亮会有一个怎样的宝宝呢？每天都在幻想如果是男孩子该是什么样，如果是女孩子又是什么样？我也会学咱们的老风俗——在床头摆上一张又白又可爱的大胖小子的照片，可到了中期我却越来越只希望我的宝宝健康快乐就好；后期的时候，肚子尖尖的，楼下的邻居都说我怀的是个儿子，呵呵，我也只是笑笑，因为其实我还是蛮喜欢女儿的，只是以亮亮的性格来说儿子应该会比较跟他玩得来吧。直到现在，生甜馨那天还历历在目，她白白粉粉的、嘴里还吐着小泡泡就来到我眼前，那种感觉既陌生又亲切，亮亮一直紧紧地拉着我的手，可是他的眼睛早就飘到宝宝那里去了。当女儿来到这个世界上时，我就知道亮亮这一辈子注定会像我爸爸一样对女儿充满了牵挂！甜馨的第一个尿片是爸爸换的，第一个异性吻是爸爸给的，第一个晚上是爸爸守在她和妈妈身边睡的，接下来的很多个第一次都有爸爸的存在，我想，甜馨是幸福的，虽然她爸爸自己也是由不懂到半懂到熟知，但爸爸给她的是宠爱是自信是勇敢是严厉也是温柔，同时爸爸还是一个快乐的玩伴，亮亮发现他原来跟女儿在一起可以有这么多奇妙的感觉，甜馨对我们一家来说无疑是最珍贵的宝贝。

宝宝刚出生没多久就有人问我对她将来的期望，直到现在我也没有改变我的愿望，就是，我不期望她成为多么了不起的大明星大人物，我只希望她健康平安，有一个很好的性格，身边的人都喜欢她，我觉得这是做人的基本。怀着一个简单的愿望，甜馨自由地成长着，加上亮亮的照顾和呵护，小家伙从软软的一坨小墩墩儿长到现在自己抱着枕头爬上我们的床，跟我们讲一些她的世界里的大道理……这个不娇气不做作的娃，承蒙这么多观众对她的爱，我们感激不尽。

看到亮亮对甜馨的付出，我也是很欣慰的，因为要兼顾家庭和事业对于一个处于上升期的男演员来说真的很不容易，亮亮每次看甜馨的眼神里都流露出满满的爱，虽不能尽善尽美却充满了责任与勇气。我和甜馨都很依赖他、爱他，这本书是亮亮和甜馨的珍贵纪录，等甜馨长大再回忆起来，她一定是很幸福的！

谨以此书送给天下的爸爸和宝宝们，有你们，妈妈们的生活才完整；有爱的家庭，这个世界才更美好！

李小璐

图书在版编目（CIP）数据

贾乃亮：时光如云用馨爱 / 贾乃亮 著. — 北京：东方出版社，2015.8
ISBN 978-7-5060-8406-2

Ⅰ.①贾… Ⅱ.①贾… Ⅲ.①贾乃亮－生平事迹－画册 ②贾云馨－生平事迹－画册 Ⅳ.① K825.78-64

中国版本图书馆 CIP 数据核字（2015）第 209398 号

部分照片提供鸣谢：张娟 豆少群 黄亮（Leon Wong） 《爸爸回来了》栏目组 北京三只小熊儿童摄影

贾乃亮：时光如云用馨爱
(JIA NAILIANG：SHIGUANG RUYUN YONGXIN AI)

作　　者：贾乃亮
策 划 人：刘雯娜 郭红波
责任编辑：王　伟
责任审校：刘越难 曾庆全
封面设计：周耀斌 世业广告
版式设计：上海骏贺文化传播有限公司
出　　版：东方出版社
发　　行：人民东方出版传媒有限公司
地　　址：北京市东城区朝阳门内大街 166 号
邮政编码：100706
印　　刷：鸿博昊天科技有限公司
版　　次：2015 年 11 月第 1 版
印　　次：2015 年 11 月第 1 次印刷
印　　数：1—20000 册
开　　本：880 毫米 ×1230 毫米　1/32
印　　张：7
字　　数：146 千字
书　　号：ISBN 978-7-5060-8406-2
定　　价：49.00 元
发行电话：（010）64258117 64258115 64258112